EMPRESARIO DESDE CERO

Cómo empezar y marcar la diferencia con tu empresa

CONTENIDO

PRÓLOGO

Cuando mi colega Hernán Mentasti me pidió que escribiera el prólogo de su libro me sentí muy honrado. Soy testigo que las páginas que tienes en tus manos son fruto de largas horas de trabajo, de años de experiencia transitando el arduo camino del Management y de una enriquecedora vida familiar y cristiana.

"Empresario desde cero" es un libro diferente. Es un fiel reflejo de la experiencia del autor en empresas de primer nivel, de su trabajo como consultor independiente y de muchísimo tiempo dedicado a la gestión de Recursos Humanos, materia en la que es especialista.

¿Qué encontrarás en este trabajo? Sin lugar a dudas, una visión diferente del emprendedor. Muestra, con ejemplos prácticos y didácticos, una forma distinta de encarar un proyecto laboral autónomo. Nos señala un escenario posible y más ético donde las reglas del juego son: "El fin NO justifica los medios".

La importancia de los Recursos Humanos como activo fundamental del emprendimiento, la Responsabilidad Social Empresaria, la importancia de la familia y los valores cristianos se plasman en cada capítulo fusionándose entre sí y alcanzando una armonía perfecta.

Me llevo del libro de Hernán el pensamiento de "querer ganar dinero no está mal", sino que es el "amor por el dinero" lo que lleva a los emprendedores por el camino equivocado, en donde el ego, la avaricia y las ansias de poder desencadenan en la pérdida total de la organización en el largo plazo. Dicho en otras palabras, el precio que algunos empresarios están dispuestos a pagar es demasiado alto y trae consigo problemas, frustraciones, pérdidas familiares irreconciliables e, inclusive, mucha soledad.

Hernán nos brinda consejos prácticos para mejorar el desempeño de empresas que funcionan, pero que se encuentran en una etapa de estancamiento, esperando un cambio de rumbo, una toma de decisión acertada para "dar el próximo paso". Resulta importante resaltar, una vez más, que ese progreso no debería ser "a cualquier precio" según la visión del autor y, justamente, este punto de vista es lo que lo diferencia del resto de los libros de Management para emprendedores que han pasado por mis manos.

Los invito a disfrutar de la lectura y dedicarle un tiempo a la reflexión -entre capítulo y capítulo- con el objetivo de preguntarte a ti mismo en qué tipo de empresario te quieres convertir.

Mauro Haim

Lic. en Comercialización

Profesor de Marketing, Universidad de Belgrano, Buenos Aires, Argentina.

Profesor de Análisis del Consumidor, Universidad de Belgrano, Buenos Aires, Argentina.

Socio Gerente de mundocv.com y Consultora Sumo mkt & rrhh

INTRODUCCION

Los grandes soñadores, rara vez tenían formación en negocios; sin embargo, gente como Ford, Edison, Disney, Gates, Jobs han tenido en común una inspiración: La pasión por lo que hacían. Algunos de ellos, tuvieron que perseverar y reintentar varias veces hasta lograrlo. (Más de uno de nosotros se hubiese desanimado al segundo intento fallido) Otros, tuvieron una idea y el contexto de los negocios le permitió subirse rápidamente a la oportunidad y cambiar la manera de hacer las cosas.

Aunque existe una gran infinidad de publicaciones, artículos y libros sobre negocios, muchos de ellos académicos y otros de aplicación práctica cotidiana, el objetivo de este trabajo es brindar a quienes no tienen ningún conocimiento de negocios pero tienen el sueño de tener su empresa propia algunas herramientas básicas que les permitan tener los cimientos necesarios para construir su proyecto y ahorrar un poco de tiempo de aprendizaje.

Por necesidad o realidad, muchos soñadores tienen el talento pero se hallan atascados en sus empleos y aunque siempre tienen el deseo de iniciar su proyecto no saben cómo o no pueden identificar las oportunidades de concretar sus aspiraciones. En otro extremo están aquellos que están viviendo su sueño; son exitosos comerciantes, pero sus empresas se encuentran estancadas y no pueden crecer más allá del tamaño de un negocio familiar.

Cualquiera sea tu caso, mi deseo a través de estas líneas, es que puedas comenzar a llevar adelante tu sueño con sabiduría, evitar algunos errores frecuentes y, finalmente, marcar la diferencia.

Tuve la gran bendición de acceder a educación universitaria y obtener un título de grado y varias especializaciones relacionadas con el mundo de los negocios a lo largo de siete años de estudios. Aunque en lo profesional trato de estar actualizado permanentemente, lo que vas a encontrar en las siguientes páginas es apenas una fracción mínima de todo el conocimiento disponible a nivel académico y, por supuesto, estará escrito en un lenguaje accesible para el público general.

He dictado talleres y cursos a diferentes audiencias en estos últimos años, por lo que compilar esas enseñanzas me parece la mejor manera de dejar en las siguientes páginas una guía que sirva de inspiración a quienes puedan necesitarlo.

Cualquier persona con habilidades comerciales puede tener una empresa, liderar el mercado y obtener una ganancia cuantiosa en su bolsillo (en especial los especuladores financieros); sin embargo, no todos pueden dejar un legado y marcar una diferencia en la sociedad.

Un gran problema que veo en el mundo de los negocios actual es que existe una excesiva avaricia y codicia, por este motivo tienes que saber que las enseñanzas y principios volcados en los próximos capítulos tienen un componente importante de "Responsabilidad Social Empresaria" enfocada desde los valores cristianos y sin llegar a hablar en términos religiosos. Ésto lo creo fundamental para sanar, equilibrar y hacer progresar nuestra sociedad en lo que toca a la economía y la empresa.

Estoy convencido que la espiritualidad y los negocios no tienen por qué ir por carriles separados, se puede tener una vida más "slow" y un negocio con valores "rectos" sin dejar de ser productivo y eficiente.

Antes de que comiences a leer: ¿Qué tipo de empresario quieres ser?

CAPÍTULO UNO

¿POR DÓNDE EMPEZAR?

En el mundo de las finanzas de hoy, no es necesario tener dinero para empezar un proyecto. De hecho, miles de empresas, financian su crecimiento a través de instrumentos financieros. No obstante, la realidad de los emprendedores es que sus primeros pasos han sido dados con recursos propios. Esto no anula la posibilidad de preparar un proyecto de inversión y acceder a financiamiento externo si tienes la formación para hacerlo y has probado tu idea en una pequeña escala, pero en la realidad, la gran mayoría de los emprendedores empezaron de cero con lo que tenían ahorrado en su bolsillo o con un "préstamo" familiar.

EL ENEMIGO DE LOS RECURSOS PROPIOS

Existe una realidad, vivimos en una sociedad que te influencia fuertemente para que te muevas al consumo. A través de ese consumo se venden sueños, ilusiones, reconocimiento, y hasta el ideal de felicidad. El conductor argentino de TV, Roberto Petinatto, en una cinta de audio que escuché hace unos años en la que promocionaba su programa de Radio decía: "La mayoría de la gente se la pasa trabajando para comprar cosas que no necesita, con dinero que no tiene, para agradar a gente desagradable." Si en nuestra cultura occidental se promociona que la felicidad depende de las posesiones y la popularidad, ¿Como puede ser entonces que haya gente de clase media alta y alta que sufre depresión o tiene graves problemas familiares? ¿Cómo es esto posible si parece ser que lo tienen todo resuelto y no pasan por ninguna carencia?

Por otro lado, si no hubiera una sociedad de consumo no existirían las empresas. A lo que me refiero, es que no está mal tener posesiones sino que, a causa del afán por obtener posesiones, el peor enemigo del emprendedor es la falta de un hábito de ahorro.

EL DINERO Y EL ÉXITO, ¿SON BUENOS O MALOS?

Cuenta una anécdota que un rey le pidió a los sabios de su corte que le escribieran una frase con la que él pudiera recibir ánimo y consuelo en un tiempo oscuro que pudiera ocurrir durante su reinado. Luego de varios meses, los sabios le entregaron un papiro sellado que contenía dicha frase y el rey lo guardó entre sus ropas. Varios años después, un imperio cercano conquistó su reino y el rey tuvo que huir y esconderse para salvar su vida. Mientras estaba en su exilio, el monarca depuesto recordó que tenía ese papiro oculto en sus ropas y lo abrió. Leyó la frase: "Esto también pasará". Cobró ánimo y al cabo de unos meses reconquistó su reino. En medio de los festejos, uno de los sabios se acerca y le dice: Estimado rey, este es el momento de leer la frase que nos pidió. El rey responde, ¿Pará qué la quiero leer ahora que todo está bien? El sabio le respondió: Porque "esto" también pasará.

Por nuestra tradición religiosa, los Latinoamericanos pensamos que el dinero es malo y no nos creemos merecedores del éxito y la abundancia financiera. Sin embargo, Jesús dijo que el problema no es el dinero sino el "amor al dinero"; esto es lo que distrae a la gente del verdadero propósito de la vida y causa muchos problemas en la economía personal, familiar y mundial. La espiritualidad y el dinero no necesariamente tienen que ir por caminos opuestos. No es malo tener dinero, no es malo prosperar y tener una casa más amplia y cómoda en un mejor lugar de la ciudad. No es malo tener abundancia y dar trabajo a otros porque debo ampliar la fábrica.

Mereces ser un empresario exitoso y eso no es pecado. Muchos todavía tienen la imagen equivocada de Jesús como un carpintero pobre y trasladan esa percepción a la vida cotidiana y a sus metas y objetivos personales. ¡Nada más alejado de la realidad!

Cuando uno realiza un estudio más profundo de los evangelios descubre que, en su caminar por la tierra, Jesús tenía un tesorero dentro de su grupo y vestía túnicas que hoy serían comparables con un buen traje hecho a medida por un afamado diseñador europeo. Caso contrario, los soldados romanos no hubiesen jugado a los dados para ver quién se quedaba con su ropa en el momento de la crucifixión.

El dinero es bueno y podemos hacer miles de cosas nobles, desde darle una mejor educación a nuestros hijos hasta financiar algún proyecto de ayuda social. El problema se da porque la mayoría de la gente, en las épocas de abundancia dice: Vamos a gastar más, disfrutemos, bebamos y comamos mientras dure esto.

Hoy vivimos en una economía en la que es muy fácil acceder a una tarjeta de crédito o de consumo, por lo que es fácil tentarse y acceder a productos en cuotas con el peligro de terminar gastando más de lo que uno puede pagar. Todo atenta contra nuestra intención de ahorrar o de ayudar a otros, lo que es clave para obtener fondos propios para iniciar un microemprendimiento o hacer una diferencia en la sociedad respectivamente.

NO GASTAR DE MAS

Nadie puede gastar más de lo que gana, ni siquiera en la economía de los países se puede hacer esto (se piden créditos para financiar el déficit, se genera inflación y se produce una devaluación de la moneda); entonces, si tus gastos exceden tus ingresos pronto tendrás un problema y deberás tomar más deuda para pagar tus deudas y las entidades financieras y las tarjetas de crédito suelen aplicar tasas de interés abusivas para estos casos, aún en mercados regulados por el estado.

Una de las cosas que más infelicidad trae a la gente es estar endeudado. En la Biblia dice que el que pide prestado se hace esclavo de aquel que le presta[1]. En estos casos, no se debe perder de vista que **si gastas en exceso no podrás ahorrar para empezar a cumplir tu sueño.**

CÓMO AHORRAR SIN DEJAR DE DISFRUTAR

La economía de las distintas naciones del mundo se mueve por ciclos de crecimiento, meseta, recesión y, en algunos casos, depresión (cuando la política económica no es adecuada). En nuestra economía personal y familiar también podemos ser susceptibles a estos ciclos y por este motivo es importante tener una conducta de ahorro e invertir cuando tengamos el excedente para hacerlo.

La Biblia, cuenta el momento en el que José interpreta un sueño que tenía perturbado a Faraón y le da la

---

[1]   Proverbios 22.7

estrategia a seguir para cubrirse de la hambruna que se avecinaba2. En el sueño del faraón había siete vacas gordas y siete vacas flacas que devoraban a las primeras. Esto representaba siete años de abundancia y siete años de escasez respectivamente.

En la historia de José vemos que éste le recomienda al faraón que reserve la quinta parte (20%) de las cosechas en esa época de abundancia, que las almacene en graneros y que abra los mismos para alimentar a su pueblo en el tiempo de las vacas flacas. Cuenta la historia que fue tanto el éxito de esta estrategia que venían desde otras naciones a comprar el grano a Egipto para poder alimentarse. Faraón, no solo se ocupó de satisfacer la necesidad de su pueblo, sino que también recibió una ganancia por el excedente de su previsión.

Si decides seguir estos principios, no solo tendrás provisión en tiempos de dificultad, sino que también podrás obtener una ganancia de tus ahorros.

A partir de la historia de José, aprendí una estrategia financiera para mi vida personal que consiste en fijarme una meta mensual del 20% para ahorrar. A veces he

2   Génesis 41.25-36

llegado a esa meta, muchas veces no he podido lograrla, pero siempre intento mantenerme firme en guardar un ahorro por más pequeño que este sea. Luego, apunto a utilizar el 70% para vivir, pagar los gastos mensuales, movilizarme, y disfrutar.

Finalmente, separo el 10% de mi ingreso para financiar actividades de voluntariado, ayuda social o para la iglesia. Si realmente estás dispuesto a tener cierta cuota de altruismo con el fruto de tu sacrificio cotidiano (el dinero) estás listo para ser un empresario que transforme todo lo que toque y estarás libre del amor al dinero. Podrás colocarlo en su justo lugar: Una herramienta para lograr tus objetivos y metas. Adicionalmente, ayudar a otros te ayuda a tener una perspectiva más equilibrada de la vida y las cosas y también participas con un "ladrillo" en la construcción de una mejor sociedad.

Por otro lado, te pido que reflexiones un minuto en esto: No es casualidad que el sistema bancario y financiero internacional fije el límite de crédito en un monto cercano al 30% del ingreso mensual para el pago de la cuota de un préstamo hipotecario o prendario. El concepto indica que una persona disciplinada puede necesitar el 70% de su ingreso para vivir y seguir formando parte de la economía de consumo sin pasar carencias o tener que tomar deuda para gastos corrientes.

La meta de ahorro indicada puede parecer una utopía (en especial cuando hay niños en la casa); no obstante, no importa cuál sea el porcentaje de tu ingreso que puedas ahorrar, lo importante es que fijes una meta y formes el hábito del ahorro, aunque el monto parezca insignificante.

La conducta que tengas hoy en la administración de tus ingresos te permitirá vivir un mejor mañana y de esta manera podrás ir construyendo una base para invertir en tu sueño.

CUANDO TENGAS DINERO EXTRA

Todos tenemos la tendencia a aumentar nuestros gastos cuando ingresa en nuestros bolsillos un poco de dinero extra. Ya sean consumos demorados o cualquier otro deseo postergado. Si bien es cierto y justo que disfrutemos de nuestro esfuerzo también es cierto que incrementar nuestros gastos fijos nos impide obtener excedentes para ahorrar o invertir en nuestro emprendimiento. Por ejemplo, cambiar el auto puede traer un mayor costo mensual de seguros e impuestos. Tampoco debemos caer en la "mentalidad del inmigrante" que suele guardar la mayor cantidad posible de dinero y no disfruta de nada. Simplemente debemos preguntarnos si lo que queremos comprar lo necesitamos realmente o podemos esperar un poco más. Alrededor del 80% de las veces que hacemos esto, nos damos cuenta que se trató de una emoción la que nos llevaba a realizar un gasto que no era estrictamente necesario.

Robert Kiyosaki, en su libro Padre Rico Padre Pobre dice que los millonarios y la gente de buen poder adquisitivo solo se dan los gustos con las ganancias de sus inversiones. Y esto es verdaderamente cierto. En los inicios de mi carrera profesional, uno de los jefes que tuve y a quien llegué a apreciar como un amigo pese a la diferencia de edad, hizo justamente eso. Las acciones y bonos en los cuales había invertido tuvieron una ganancia excepcional en un año y decidió invertir esas ganancias en cambiar su auto de origen francés de alta gama por otro de marca alemana "premium". Mi antiguo jefe se aseguró de incrementar sus ingresos antes de incrementar su gasto fijo sin reducir el capital que tenía destinado a la inversión.

24

ABRE TU MENTE...

Vivimos en la era de la información y los cambios son cada vez más vertiginosos. La educación es muy importante. Muchos empresarios se quedan atascados en la misma manera de hacer las cosas durante años y luego se sorprenden cuando su negocios tienen los números en rojo. Por este motivo, la mejor manera de crecer interiormente y hacer crecer nuestra empresa en la práctica, es capacitarse permanentemente o pagar por el conocimiento a quienes estén capacitados e implementar sus recomendaciones (caso contrario yo no tendría trabajo).

Para adquirir nuevos conocimientos e ideas no es necesario que realices una carrera universitaria. Aunque ésto sería lo ideal para tener una formación más profunda y completa, puede requerir un compromiso de tiempo del que no todos pueden disponer sin descuidar a sus familias. Mientras tanto, te puedes capacitar a través de libros, publicaciones, conferencias o asistiendo a cursos cortos en institutos o universidades para aprender ciertas habilidades (contables, financieras, comerciales o gerenciales).

Una actitud de formación continua te permitirá prosperar y mejorar permanentemente por la apertura mental y las nuevas ideas que se pueden obtener. Otra forma de activar la creatividad puede ser a través de hacernos las preguntas que nadie hace. ¿Por qué? ¿Qué pasaría si? Cuando conectamos aquello que parece "disociado" pueden surgir las mejores ideas. Esto es una técnica de creatividad.

DEBES ARMARTE DE UN BUEN EQUIPO

Aunque trataré en un próximo capítulo el tema de cómo lograr el compromiso de los empleados (cuando los tengas) no puedo dejar de decirte en este punto: **¡Paga bien a tus empleados y consultores!** ¿Por qué? Porque, si las personas trabajan enfocadas en el trabajo en vez de pensar cómo llegan a fin de mes, sus conocimientos, habilidades y actitudes harán que ganes más dinero. Si ellos ganan dinero, lo más probable es que te hagan ganar dinero (incluso cuando te hagan evitar errores o gastos innecesarios). Esto es fundamental para hacer crecer tu negocio de manera sustentable y sana. Además, nadie va a querer matar a la gallina que pone huevos de oro, sino que la van a querer cuidar.

A contramano de la cultura actual, hay una realidad espiritual pero que tiene una aplicación práctica en la vida: Hay que dar para recibir. Ha habido momentos en los que he dado y nada me fue devuelto, o recibí algo que no quería. Pero haciendo un balance, la mayoría de las veces en que uno "da" se libera una corriente de gratitud que se vuelve permeable en el ambiente actuando a largo plazo y mejorando todas las cosas.

En las grandes empresas, el costo laboral del presupuesto anual de operaciones difícilmente supere el 16% mientras que en las empresas pequeñas este porcentaje puede llegar al 60%. Sin embargo, quienes pagan bien a sus empleados, son quienes se dieron cuenta que son las personas las que hacen que la empresa sea exitosa y gane millones cada año. Cuando uno lidera personas, además debe asegurarse de ubicar a cada uno en la tarea que más se ajuste a sus habilidades y preferencias. Es la forma de sacar lo mejor de cada uno.

Si solo piensas en bajar costos reduciendo los salarios, la gente comprometida y capaz no tendrá motivos para seguir trabajando en tu empresa y al final, tendrás un equipo de mediocres. Sentido común.

AÚN LOS MEJORES PROFESIONALES PUEDEN FALLAR

Lamentablemente, hay un paradigma instalado en las empresas y la sociedad que dice que los profesionales modernos son más eficientes cuando bajan costos y elevan precios aumentando la rentabilidad para unos pocos. Esto causa más problemas a las empresas y se resiente toda la sociedad. Adicionalmente, las universidades que enseñan carreras empresariales entrenan empleados que lo único que saben hacer es ver los números y despedir gente cuando no se cumplen los objetivos. Este tipo de profesionales, a largo plazo puede acabar con cualquier negocio.

Cuando hay más gente sin empleo, cada vez hay menos consumo y eso hace necesario volver a reducir la dotación de personal de las empresas entrando en un círculo vicioso de recesión y depresión para la economía (Algo similar pasó en Argentina en los años '90, y está sucediendo en Europa mientras escribo estas líneas). Lo que nadie tiene presente es que los grandes conflictos sociales y las guerras más terribles de la historia siempre comenzaron cuando la brecha entre los que más tienen y los que menos tienen se hizo demasiado grande a causa de la codicia de unos pocos.

PIENSA EN LO QUE TE APASIONE Y TRATA DE CONVERTIRLO EN UN NEGOCIO

La pasión es la clave. Lo ideal para el emprendedor es tomar un pasatiempo o algo que le guste y le apasione y transformarlo en un negocio. De esa manera, ya no tendrás un empleo sino que se transformará en un trabajo que no te resultará pesado. Deberás aprender a equilibrar el uso del tiempo para no encontrarte trabajando 18 horas por día.

Te doy un ejemplo: Siempre me gustaron los videojuegos (a quién no dentro de mi generación) Hace veinte años, mientras cursaba la universidad, tuve la idea de instalar un negocio de venta y alquiler de videojuegos, consolas y sus accesorios en un momento en el cual el rubro recién se iniciaba. Trabajé muchas horas haciendo cálculos, buscando proveedores y localizaciones posibles. Encontré el local perfecto, ubicado en un camino de acceso obligado a escuelas primarias y secundarias en donde tenía una alta visibilidad ante mis potenciales clientes (lo que me aseguraba un flujo de ventas inicial), pero en la negociación por el precio del alquiler del local comercial no estuve dispuesto a pagar un poco más por el lugar.

Actualmente, es indiscutible el crecimiento que han tenido los videojuegos hogareños como forma de entretenimiento para niños, adolescentes y la familia en general y se ha transformado en un negocio millonario. ¿Qué quiero decir con esto? En esa oportunidad, perdí la posibilidad de concretar un negocio que me apasionaba y con ello la posibilidad de tener un ingreso de esa pasión. No estoy seguro que hubiera pasado de seguir adelante y, de haberlo concretado, tal vez hoy no me dedicaría a eso o tal vez me hubiera expandido en el rubro. La moraleja es: Si transformas lo que te apasiona en un negocio, el entusiasmo te dará el impulso necesario para ponerlo en marcha, hacerlo crecer y resistir las adversidades.

CAPÍTULO 2:

LAS PRIORIDADES COMERCIALES Y LA NEGOCIACIÓN

Para todo emprendedor es indispensable hacer funcionar su negocio moviendo las ruedas de las ventas, las cobranzas, el aprovisionamiento y entrega de los productos o concreción de los servicios. Obviamente, hasta aquí no he dicho nada innovador. Solo realidad. Y tal vez, lo más difícil es hacer girar esa rueda en forma continua. (En especial en los comienzos)

Puede suceder de realizar las primeras ventas pero luego no cobrarlas en tiempo y forma convirtiendo en un caos para el emprendedor la necesidad de reponer la materia prima o los productos y así continuar con la rueda operativa del negocio.

LA VENTA ES IMPORTANTE

Con el tiempo, aprendí que lo más importante de un emprendimiento es activar las ventas y las cobranzas. Algunas personas que quieren iniciar sus propios negocios pueden fracasar en sus iniciativas si no tienen una vocación comercial que los lleve a perseverar en este sentido. Cuando esto sucede, siempre se puede recurrir a un socio, amigo o empleado que posea las habilidades para ocupar ese rol. Lograr las primeras ventas puede ser muy difícil.

Muchos emprendedores se quedan solo con la prioridad de vender en sus mentes y solo van mejorando su empresa en la medida que la misma rueda operativa los presiona para expandir el depósito, la logística o incorporar más mano de obra para responder a los clientes. Por este motivo, mi recomendación es que debes mirar un poco más allá de las actividades cotidianas y tener presente que es necesario hacer funcionar en simultáneo las cuatro "P" del marketing si quieres seguir creciendo; éstas son: Producto, Plaza, Promoción, Precio.

Producto: Debes estar atento a expandir o retraer tu cartera de productos. Conocer el margen de contribución de cada uno y si es conveniente o no continuar trabajándolos o reemplazarlos por otros. Esto puede afectar tu rentabilidad o disponibilidad de recursos financieros. Para ello hay herramientas como la Curva ABC, que te permite diferenciar rápidamente estas cuestiones.

Una pregunta que podemos hacernos es: ¿por qué me comprarían este producto? Todo lo que no me lleve a responderla satisfactoriamente debe ser trabajado para mejorarlo o eliminarse. Quita los productos no rentables de tu cartera y concéntrate en los más interesantes.

Plaza: Existen empresarios que piensan en vender a otros mercados, cuando ni siquiera están organizados en forma eficiente en el mercado en el que actúan. Es necesario priorizar y llegar en primer lugar al mercado meta que nos hayamos planteado, de forma oportuna y de la mejor manera posible para cumplir con las expectativas de nuestros consumidores. Esto no implica que descuidemos oportunidades en otros mercados, simplemente se trata de estar enfocado en aquello que nos genera un flujo de ingresos permanente.

Promoción: En un mundo cada vez más hipercompetitivo y atomizado de ofertas y competidores es indispensable darse a conocer y realizar diversas campañas para seguir creciendo. No es necesario un abultado presupuesto publicitario en medios de comunicación tradicionales, con una adecuada campaña publicitaria en los buscadores de internet y una fuerza de ventas proactiva, motivada y con las herramientas e incentivos necesarios, se puede cubrir adecuadamente el territorio y tener un resultado adecuado a los objetivos planteados.

Debes invertir en esto y no verlo como un gasto. Que todos sepan que se tiene un gran producto depende de decir las cosas de forma sencilla. La comunicación se transforma en algo tan importante como el producto.

Precio: Aunque existen diversas estrategias de precios (y lo veremos en un capítulo aparte) este es un punto que hay que tener bajo estudio. No siempre se logran los mejores resultados bajando los precios para ganar clientes o aumentando el margen para ganar más.

NO DESCUIDES EL SERVICIO AL CLIENTE

Es fundamental también brindar una gran experiencia al cliente. Prestar atención al producto y el precio es fundamental, pero muchos empresarios descuidan la experiencia que provocan en el cliente desde el momento en que realizan la compra. Se debe cuidar el entorno, los plazos de entrega y la forma en que se ofrecen los productos. Muchas veces el producto es equivalente a otro del mercado pero la gente elige una empresa por el servicio que le da: En otras palabras, debes hacer que el proceso de compra sea fácil, práctico y agradable para el cliente.

NADIE HACE LAS COSAS COMO YO

La mayoría de las veces, encontramos al emprendedor embebido del giro comercial de la empresa y muy ocupado o casi desbordado trabajando en su negocio más horas de las necesarias para "hacer que todo funcione". Aunque esta actitud puede ser necesaria en el inicio de todo emprendimiento, debemos tener en mente que, cuando se crece, hay que comenzar a delegar tareas y funciones.

En la Biblia encontramos un ejemplo sobre la importancia de la delegación. Salvando las distancias entre las cuestiones religiosas y los negocios, podemos extraer un principio para nuestro emprendimiento. La empresa de Moisés consistía en liderar a un grupo de millones de personas "ex-esclavos" hacia la tierra prometida en donde tendrían la posibilidad de crecer y desarrollarse como una nueva nación; su suegro Jetro va a visitarlo y lo encuentra oficiando de juez durante todo el día entre los problemas de la gente y Dios. El resultado: Moisés se encontraba agotado y quienes lo acompañaban también; entonces, le sugiere nombrar jefes de conducta intachable y con distintos niveles de responsabilidad para que atiendan los asuntos cotidianos y así Moisés pueda ocuparse únicamente de los casos difíciles[3]. Podríamos decir que fue la primera estructura organizativa o empresarial conocida de la historia.

Si este principio de la delegación sirvió para guiar a millones de personas del pueblo de Israel hacia la Tierra Prometida, ¿Cuánto más será de utilidad para hacer crecer tu empresa?

---

[3] Éxodo 18.16-2

COMO NEGOCIAR CUANDO HAY PROBLEMAS

Durante las actividades cotidianas del emprendimiento se puede hacer necesario encontrar soluciones que nos permitan seguir funcionando o destrabar alguna dificultad. Para ello es necesario conocer los principios básicos de la negociación. Te guste o no, cuando decides ir por el camino del proyecto propio, te verás en la necesidad de negociar; con un proveedor, con un cliente, con tus empleados, con tu familia (sobre cuánto tiempo pasas con ellos), con tu esposa (que requiere que le dediques tiempo) Todo en la vida puede tratarse de una negociación.

Las personas por lo general utilizan dos maneras de negociar. La forma suave, que es diplomática y trata de evitar el conflicto cediendo sus intereses para preservar la relación interpersonal. En otro extremo están los duros, que ven todas las situaciones como un duelo de voluntades en el cual, quien tire mejor de la cuerda, es el que gana. Este tipo de negociador aspira a ganar y no le importa nada más; finalmente, termina agotando los recursos emocionales y materiales de todos. Entre medio, puedes imaginarte todas las combinaciones posibles.

Los negociadores suaves, por lo general se sienten estafados porque siempre terminan cediendo para lograr un acuerdo. Los negociadores duros, terminan enemistados con todos. Ninguna de las dos posiciones es una posición sana que invita a ganar a quienes participan del juego. Todos pierden. Adoptar posiciones rígidas al negociar, nos lleva fácilmente a confundir nuestro ego con el resultado de la negociación. Se invierte mucho esfuerzo y uno termina regateando todo el tiempo. Finalmente, nos cansamos y logramos acuerdos insatisfactorios con tal de sacarnos el problema de encima. Lo más saludable es evitar a los "duros" y así ahorrarnos tiempo, dinero y malos tragos.

El modelo de negociación de Harvard, promovido por William Ury y Robert Fisher, en la década del '80 nos invita a decidir los problemas de acuerdo a los intereses ocultos o manifiestos detrás de cada conflicto, buscar ventajas mutuas cuando sea posible y adoptar criterios objetivos (como los números) para resolver las diferencias independientemente de los caprichos personales. El objetivo final es sentir que todos han ganado. Adicionalmente, si queremos ser empresarios justos y honestos, no debemos perder de vista que la Biblia nos insta a usar "balanzas justas" en nuestros negocios[4].

Para negociar con base en los intereses el modelo de la Universidad de Harvard propone cuatro ejes:

Las personas no son el problema (aunque parezca que lo generan) ya que tienen emociones, valores y diferentes historias de vida que los llevan a tener percepciones sobre la vida distintas a las nuestras y en consecuencia, reacciones distintas. Entonces, no debemos tomar los asuntos en forma personal, como si fuera una guerra en contra nuestra. No es lo más fácil, pero nos ahorraremos malos entendidos y reacciones negativas que se vuelvan un círculo vicioso y nos impidan explorar soluciones con la otra parte.

La empatía en la negociación la podemos lograr tratando de comprender cómo piensa y cómo siente nuestra contraparte; una buena forma de hacerlo es estableciendo una buena comunicación, esto hará que caigan algunas posibles barreras que se encuentren operando. Puede funcionar muy bien romper el hielo con algún gesto. (Por ejemplo: Encontrarse informalmente, fuera del ambiente de la negociación para tomar un café o almorzar, contar

---

[4]   Vea Ezequiel 45.10, Proverbios 16.11 o Levítico 19.36

anécdotas o simplemente conocer más a la otra parte. En un momento de tensión, un chiste que nada tenga que ver con la situación, también puede funcionar.

Estas ideas permiten generar un espacio de intercambio más amistoso y reducir obstáculos; aunque esto no quita la posibilidad de que ocasionalmente nos encontremos con gente que efectivamente se tome los asuntos a nivel personal y finalmente no esté dispuesta a negociar de ninguna forma.

Analizar e investigar por debajo del problema. El problema fundamental de un conflicto no son las posiciones adoptadas por cada parte, sino el conflicto entre las necesidades, deseos, preocupaciones, y temores de cada uno. Estos pensamientos y emociones son los intereses ocultos y éstos son los que mueven a las personas. La posición es algo que se ha decidido adoptar, pero lo que impulso a decidir son esos intereses; descubrirlos, es lo que nos permite hallar puntos en común y arribar a soluciones. ¿Cómo se descubren los intereses ocultos? Poniéndonos en el lugar del otro y preguntando cosas sencillas a través de dos palabras: ¿Por qué?

Según el psicólogo organizacional Abraham Maslow, las necesidades humanas que se ocultan detrás de los intereses que mueven a las personas pueden clasificarse en cinco tipos: Seguridad, bienestar económico, sentido de pertenencia, reconocimiento y autorealización. Detrás de estas categorías, casi con seguridad, se encuentra la gran mayoría de los motivos por los cuales las personas adoptan una determinada posición. Solo debemos hacer un ejercicio interno para descubrirlas.

Inventar nuevas soluciones o alternativas, la creatividad es necesaria en situaciones complejas, lo más normal es no utilizarla, no estamos acostumbrados a hacerlo ya que en la vida cotidiana estamos habituados a las rutinas. Inventar opciones requiere que apartemos tiempo para hacerlo y nos permite generar toda una gama de posibles acuerdos. Para lograr este objetivo es necesario deshacerse de los prejuicios sobre la otra parte o sobre el problema ya que éstos frenan la imaginación.

A lo largo de mi experiencia profesional, he encontrado que una idea "loca" puede dar pie a una solución práctica e innovadora.

Debo utilizar criterios racionales, cuestiones tales como el valor de mercado, cálculos financieros o contables, la legislación y jurisprudencia, los costos, por solo nombrar algunos ejemplos, nos permiten aplicar una misma forma de medir las propuestas o los resultados por igual e independizarlos de las emociones de las personas. Pasamos a ser equitativos.

También hay una realidad: Nos podemos encontrar con una "otra parte" que es sumamente más poderosa que nosotros. (Por ejemplo: Un único cliente que compre toda nuestra producción anual) En estos casos, lo mejor que podemos hacer con estas herramientas de negociación detectar acuerdos que probablemente deberíamos rechazar. En el mundo, a veces, hay "realidades" que son difíciles de cambiar por mejores negociadores que seamos y por ese motivo debemos cubrirnos para que otros no se queden con el resultado de nuestro esfuerzo.

Con las herramientas precedentes, uno mismo puede ser justo y a la vez protegerse de aquellos que quieran aprovecharse de nuestra honestidad.

"La sabiduría y el dinero abren casi todas las puertas, pero sólo la sabiduría puede salvarte la vida." [5]

CAPITULO 3:

CÓMO EVITAR EL FRACASO DE MI EMPRENDIMIENTO

Supongamos que has ahorrado, has invertido en tu sueño y lo tienes funcionando. Ahora viene lo mejor: Como evitar que todo tu esfuerzo se esfume de tus manos. Al menos en Argentina, hay una estadística que dice que la mitad de los emprendimientos fracasan antes del primer año y muchas "buenas" ideas jamás llegan a implementarse. En lo personal puedo dar fe de esto. He tenido varias ideas sin llevar adelante y con el tiempo descubrí que otras personas ejecutaron proyectos similares y ahora tienen negocios exitosos funcionado por ello.

---

[5] Eclesiastes 7.12 (NTV)

Muchas veces, el empuje que uno le pone a un negocio no es proporcional al éxito del mismo. ¿Cuántos conocemos alguna persona que, con una indemnización laboral o un retiro voluntario, se le abrió un mundo de nuevos negocios en donde invertir y al poco tiempo tuvo que cerrar? En este capítulo veremos cómo evitar los errores más frecuentes que impiden el éxito de un buen proyecto.

NO DEBES IMPROVISAR

Antes de comenzar un negocio, o cuando lo tenemos funcionando, es necesario escribir en forma ordenada las ideas sobre el mismo. Aquello de lo que disponemos y lo que falta. Los puntos fuertes y débiles. En las escuelas de negocios, este trabajo de reflexión se llama "Análisis F.O.D.A." (Fortalezas, Oportunidades, Debilidades y Amenazas)

Escribir nuestras ideas y los posibles costos y ganancias nos ayuda a comunicar a los grupos de interés (empleados, proveedores, clientes y familia) hacia dónde vamos con esa visión que tenemos en nuestro interior.

Cuando nos tomamos el tiempo para escribir sobre el negocio es recomendable comenzar por preguntarnos:

- ¿En qué se diferencia nuestro proyecto de la competencia o de otras alternativas? ¿Por qué los consumidores deberían elegir el producto o servicio? Esto nos dará algunas ideas sobre como diferenciarnos en el mercado.

- ¿Cuánto tiempo lleva comenzar con el proyecto? ¿Hay estacionalidad en el consumo del producto que pueda afectar nuestras ventas? ¿Con qué otro producto o actividad se puede cubrir este inconveniente y hacer más parejo el ingreso?

- ¿En cuánto tiempo se puede recuperar la inversión? Para ello se deben tener en cuenta proyecciones pesimistas, optimistas y neutras. Sí, es necesario hacer el ejercicio al menos tres veces para no caer en expectativas erróneas.

- ¿Cuál es la rentabilidad y qué lo hace atractivo frente a otras alternativas?

- ¿Cuánto dinero necesito?

- ¿Quiénes participarán? (Socios y/o empleados)

- ¿Cuáles son los riesgos del negocio? ¿Se pueden disminuir?

Si estas ideas las organizamos con ayuda de un profesional se puede convertir en lo que se llama PLAN DE NEGOCIOS y sirve para demostrar que el proyecto es o sigue siendo viable; esto te permitirá armar una carpeta con la cual obtener financiación de cualquier inversor o un préstamo bancario en el caso que no contemos con recursos propios para llevar adelante próximos pasos.

LOS NÚMEROS SON IMPORTANTES

Muchos emprendedores se entusiasman con los negocios teniendo en cuenta solo el alquiler del local y la materia prima o mercadería inicial, pero dejan de lado cosas tan importantes como los sueldos (Propio y de los empleados que se puedan necesitar), las inscripciones y habilitaciones impositivas y municipales y un stock para reposición.

Debemos ser conscientes que un negocio que no puede cumplir con las obligaciones impositivas y legales, puede no ser sustentable en el largo plazo o tener un crecimiento ficticio que, al final, puede dejar a mucha gente en la calle.

NO SIEMPRE LA UBICACIÓN TE GARANTIZA EL ÉXITO (AUNQUE ES IMPORTANTE).

Esto pasa muy seguido con las franquicias. Si un comercio que vende medialunas trabaja muy bien en una avenida puede no hacerlo en otra avenida de otro barrio. Más allá de lo atractivo del negocio y la idea, la localización es muy importante.

En una oportunidad, invertí TODOS mis ahorros en un negocio editorial. En ese proyecto elegí de forma errónea la ubicación. Al tratarse de un microsegmento del mercado, en vez de priorizar la cercanía al cliente objetivo, elegí una ubicación con alta visibilidad en una zona comercial de alto tránsito creyendo que de esa manera resultaría atractivo también para clientes de otros segmentos. Utilicé un criterio equivocado. Los costos de esta ubicación penalizaron las posibilidades de hacer perdurar el negocio en el tiempo y llevaron a que los clientes del mercado meta principal no concretaran operaciones por no tener accesible lo que mi negocio les ofrecía. Aquella experiencia fue un desastre para mis finanzas y tuve que volver a buscar empleo en una empresa. Por este motivo, me atrevo a sugerir desde lo profesional y por la experiencia propia que, ya sea para la distribución como para las ventas o simplemente para atraer talento cuando tengamos empleados, es indispensable evaluar con cuidado la localización donde vayamos a instalarnos. No es necesario tener oficinas en el distrito financiero de la ciudad (lo cual elevaría nuestros costos) cuando uno puede instalarse en otra zona de fácil acceso o más cercana al cliente potencial.

Si se trata de ventas minoristas y productos de consumo masivo, evaluar el flujo de público que tiene el local donde se vayan a instalar es otro factor importante. A mayor afluencia de público, mayores posibilidades de concretar ventas se tendrá.

NO DEBES ELEGIR A TU SOCIO SOLO POR AFECTO.

Asociarse con familiares y amigos tiene la ventaja inicial de la confianza mutua generada por el afecto. Sin embargo, con el tiempo esto puede convertirse en una traba para el crecimiento del negocio. Se debe hacer un acuerdo (si es necesario por escrito) en el que los socios se comprometan a capacitarse y adquirir nuevas habilidades para profesionalizar el emprendimiento cuando sea necesario y así disminuir las diferencias de criterio que puedan llevar a una ruptura de la sociedad. También se debe dejar en claro cuestiones como horarios de trabajo o funciones de cada uno para evitar los malos entendidos y conflictos.

NO DEBES MOVERTE SOLO POR LA INTUICIÓN

Antes de iniciarse en una actividad, es más fácil lanzarse a la misma si uno conoce el contexto y las variables que hacen al negocio y que pueden afectarlo. Hacer un breve estudio del mercado nos puede ayudar a evitar un fracaso y tomar mejores decisiones.

Por ejemplo: Conocer sobre niveles de precios, tecnologías, aspectos culturales o costumbres de la zona. También es bueno analizar nuestras fortalezas y debilidades como así también: Los clientes, la competencia y los proveedores; estos últimos tienen mucha importancia ya que nos permiten definir los costos del producto, su precio final y junto con el precio, la rentabilidad.

DEBES CONOCER A LOS CLIENTES

Ya que cualquier oportunidad de negocios está centrada en el cliente, debemos saber quiénes son, cuáles son sus necesidades, demandas y deseos. A partir de esto podemos enfocar los esfuerzos en el segmento de clientes al que queremos llegar. Saber si tenemos demanda para un determinado producto o si podemos lanzar otra línea de productos.

Pagar por una investigación de mercado sencilla puede confirmar o echar por tierra nuestras "intuiciones" con un criterio profesional. Si todavía no cuentas con presupuesto para ello, hay cinco formas básicas de segmentar el mercado, pero que nos pueden ayudar a generar ideas de "cómo" conocer y llegar a nuestros clientes:

- Geográfica (Zona, barrio o región).
- Demográfica (Edad, sexo, nivel de educación, nivel de ingresos, estado civil).
- Psicológicas (Personalidad, estilo de vida, actitudes, opinión de sí mismo).
- Socioculturales (Valores, creencias, familia, grupos de referencia).

- Comportamiento (Tasa de uso del producto, lealtad de marca).

NO DESATENDER LA COMPETENCIA Y LA DEMANDA

Creer que uno es el único a quien se le ocurrió la idea del negocio o desconocer que hay otros que, al ver que la idea es buena pueden "subirse al tren", nos puede jugar en contra; en especial si ellos tienen más recursos financieros que nosotros.

A veces, quienes llegan segundos a un mercado, tienen mayores utilidades que aquél que se arriesgó en dar el primer paso.

Por otro lado, frente a un pico de demanda el hecho de pensar que: "Cuando pase, vemos que hacemos" puede hacer fracasar un negocio.

La falta de stock como así también estar en una posición de exceso del mismo puede generar pérdida de clientes o costos y gastos innecesarios. Sobre este tema hablaré en un capítulo específico.

NO DEBES SUBESTIMAR LOS PAPELES

Cuando se arranca un negocio y se dejan los papeles para lo último se corren grandes riesgos. Adicionalmente, cuando surgen malos entendidos o expectativas insatisfechas, lo único que valen son las formalidades y los contratos o documentos escritos. Vivimos en una sociedad en que los compromisos de palabra son difíciles de probar y la integridad cada vez vale menos. Además, los litigios legales son costosos en dinero y tiempo. Aunque es cierto que al inicio uno debe enfocar sus esfuerzos en hacer crecer el negocio, no hay que subestimar los escritos, esto te permitirá estar en mejor posición para negociar ante un conflicto. Algunos ejemplos:

- Un estatuto social en el que figuren la cantidad de horas que va a trabajar cada socio y cómo se van a repartir las ganancias.

- Mantener al personal remunerado de manera informal lleva a tener costos ficticios de funcionamiento y genera un alto riesgo de un reclamo laboral que pueda quedarse con una parte importante de las finanzas o del negocio.

NO DEBES EMPRENDER EL NEGOCIO SIN CAPACITARTE

Los deseos de cambiar de rumbo y hacer algo diferente es muy tentador; en especial para quienes trabajamos muchos años en relación de dependencia. No se debe olvidar que cada actividad tiene sus secretos y dificultades y a veces las cosas no son tan simples como parecen.

Conviene conseguir referentes de la actividad a quienes podamos consultar, estar en contacto con las cámaras del sector en el que nos involucremos o hacer algún curso de capacitación.

NO DEBES DESCUIDAR LA INFORMACIÓN OPERATIVA

En un primer momento, es probable que no le otorgues la atención debida. En la medida en que vayas creciendo, es muy probable que te veas en la necesidad de comenzar a utilizar planillas de cálculo para hacer comparaciones y análisis con mayor facilidad.

Cuando el volumen de operaciones lo requiera, es fundamental que incorpores un sistema de gestión que te permita tener en un solo lugar la información necesaria para tomar decisiones o hacer estudios y análisis de productos, rentabilidad o posición financiera. Todo es cuestión de acompañar el crecimiento del negocio con la incorporación de sistemas informáticos.

Muchos emprendedores descuidan este aspecto por considerarlo un costo adicional y una tarea administrativa que les hace perder el tiempo sin aportar ganancias inmediatas; sin embargo, un buen análisis de la información te puede llevar a decisiones que generen una mayor rentabilidad y a una optimización de los escasos recursos que suelen tener las empresas pequeñas o medianas. En definitiva, también se obtienen ganancias de esto, aunque de otra forma.

POR ÚLTIMO:

Debes tener presente lo que dice a continuación (seas o no creyente) te ayudará a poner en una perspectiva adecuada tus progresos:

"Recuerda al Señor tu Dios, porque Él es quien te da el poder para producir esa riqueza"[6]

---

[6] Deuteronomio 8.18a (NVI)

CAPÍTULO 4:

ESTRATEGIAS DE FIJACIÓN

DE PRECIOS.

En este capítulo veremos las distintas formas y los factores más frecuentes que influyen en la determinación de precios en productos o servicios. Ser coherente y mantener una conducta en materia comercial es dedicarle tiempo al proceso de concepción y planificación de las estrategias de precios que me van a permitir como compañía posicionarme en el mercado al que apunto (mercado meta o nichos determinados).

¿POR QUÉ DEBO TENER UNA POLÍTICA DE PRECIOS?

Si bien es cierto que al inicio de todo negocio poco importa tener una política de precios, sino que lo más fundamental es ganar clientes para obtener ingresos, pensar en tener una política de precios me permite alcanzar los siguientes objetivos:

Lograr un retorno sobre la inversión: Es fijar precios que me permitan recuperar el esfuerzo realizado dentro de plazos razonables o los exigidos por nuestros inversores.

Potenciar los beneficios: Significa comparar los costos y ajustar los precios para tener el máximo de utilidad.

Incrementar el flujo de caja: Se trata de ajustar los precios y descuentos para animar a la compra de productos y su rápido cobro.

Mantener el interés de los clientes y/o incrementar las ventas: Implica adaptar los precios para permitir incentivar períodos de baja demanda o captar la atención de nuevos compradores.

Sobrevivir: En algunas ocasiones, fijar los precios de una manera agresiva puede servir para permitir a la empresa salir de una situación difícil.

Mantenerse en el mercado: Asegurar la similitud entre los precios propios y de los competidores.

Evitar o socavar la competencia: Fijar precios tan bajos que no permitan a otros competir con los nuestros.

FACTORES QUE INFLUYEN EN LA FIJACIÓN DE PRECIOS.

LOS COSTOS Y EL MARGEN: Supone la determinación del nivel de precio que te permite cubrir los costos y obtener un margen razonable de ganancia. Este modelo te permite conocer cuál es el precio mínimo que se puede determinar para cubrir los costos y no poner en riesgo el funcionamiento de la empresa. Esta estrategia de precios puede ser parte de una gestión comercial audaz destinada a entrar en un mercado o conseguir establecer una relación con clientes de nuevos segmentos.

LEY DE LA OFERTA Y LA DEMANDA: Son los factores de la economía que hacen oscilar el volumen de ventas e influyen en la fijación de precios. Cuando hay poca demanda, las empresas suelen bajar sus precios para continuar permaneciendo en el mercado y/o cubrir sus costos. Contrariamente, cuando hay poca oferta de productos y la demanda crece o permanece constante las empresas suben sus precios.

VALOR PERCIBIDO POR LOS CLIENTES: Es el conocimiento del comportamiento de compra y preferencias de los clientes como así también el valor que ellos perciben del producto o servicio que estas comercializando. En otras palabras: ¿Cuánto están dispuestos a pagar por mi producto o servicio? Este conocimiento te permite fijar el precio en un nivel en el que la rentabilidad puede ser máxima y depende del segmento de clientes al que estás apuntando.

LA COMPETENCIA: Las empresas, además de realizar sus cálculos y considerar otros factores, practican su política de precios en función de las acciones o reacciones de la competencia. Por lo que, tener información acerca de lo que hacen nuestros rivales, nos puede ayudar a anticiparnos y no perder clientes (Cuando de una cuestión de precios se trata).

MODELOS BÁSICOS PARA FIJAR PRECIOS

FIJAR EL PRECIO DE ACUERDO AL MARGEN DESEADO

Este modelo supone la fijación del precio añadiendo un margen sobre el costo de adquisición del producto y lo que se desea ganar. Esta práctica es realizada habitualmente por comerciantes minoristas.

FIJAR EL PRECIO DE ACUERDO A LOS COSTOS

Este modelo parte de un estudio de los costos asociados a los productos y se agrega el margen deseado de ganancia al costo total por unidad para obtener el precio. A continuación, un desarrollo básico de los elementos que intervienen:

Costos fijos (1) + Costos Variables (2) + Margen (3)
= Precio (4).

Una referencia simple de cómo calcular estos componentes:

Costo fijo unitario (1) = Costos fijos / Ventas estimadas

Entendiendo los costos fijos como todos aquellos gastos de la empresa que no se relacionan con la producción, la distribución o las ventas así como también sueldos administrativos.

$$\text{Costo Variable Unitario (2)} = \text{Costos variables /}$$
$$\text{Cantidad de Unidades Producidas}$$

Entendiendo los costos variables como todos aquellos relacionados con los materiales, componentes o mano de obra involucrada en la producción.

Finalmente, al costo total unitario se le agrega el margen de utilidad (3) que se desea alcanzar y se obtiene el "Precio de Venta" (4).

OTROS TIPOS DE PRECIOS Y ESTRATEGIAS

PRECIO MINIMO

El precio mínimo es aquel que me permite recuperar únicamente los costos variables o factores de reposición de los materiales utilizados directamente en la producción.

PRECIO TÉCNICO

El precio técnico es el que corresponde a la situación de la empresa que se conoce como punto de equilibrio. Es el precio fijado para un volumen de producción y ventas que es igual a los costos totales. Dicho de otra manera: Es el volumen de producción vendida para el cual los beneficios son igual a cero.

PRECIO OBJETIVO

El precio objetivo es aquel que, además de cubrir los costos totales, incluye una renta sobre el capital invertido comparable a la de otras alternativas pero no incluye ganancias adicionales.

PRECIO POR VALOR PERCIBIDO

Es el precio que los consumidores están dispuestos a pagar por el producto o servicio. Incluye los aspectos intangibles como calidad, garantía, servicio post-venta y confiabilidad. Esta estrategia suele ser muy utilizada por marcas premium o por empresas tecnológicas.

Cuando el PRECIO PERCIBIDO es menor que el VALOR PERCIBIDO, el resultado es positivo y el cliente siente que hizo una excelente compra.

Cuando el PRECIO PERCIBIDO es mayor que el VALOR PERCIBIDO, el resultado es negativo y el cliente siente que le vendieron gato por liebre.

Cuando el PRECIO PERCIBIDO es equivalente al VALOR PERCIBIDO, el resultado es neutro y el cliente siente que la compra ha sido normal.

PRECIO PSICOLÓGICO

Hasta hace algunos años, antes que el contexto inflacionario irrumpiera nuevamente en nuestra economía doméstica, se había puesto de moda entre los grandes comercializadores precios tales como "$ 39.90.-" En realidad siempre fueron cuarenta pesos, en términos nominales sigue impactando en el bolsillo como "cuarenta" pero al cliente le siguen sonando como "treinta", y es distinto. En términos de percepción psicológica no rompe el umbral de los cuarenta y por eso es más fácil asimilar el precio cuando es necesario comprar varias cosas simultáneamente, como suele suceder en un hipermercado.

ESTRATEGIAS DE PRECIOS LIGADAS AL GIRO COMERCIAL

Cuando se necesita ganar mercado o permanecer en el mismo se puede recurrir a:

- Realizar ofertas especiales para agotar un stock.
- Aplicar descuentos por cantidad.
- Rebajas por fin de temporada.
- Ofrecer artículos al costo cuando se necesita liquidez financiera.

- Tener listas de precios diferenciadas por tipo de cliente o canal de distribución.

En todas estas estrategias es importante tener una conducta y aplicar cada una con cuidado. Si se tiene un comportamiento errático, se puede afectar la imagen de la empresa o los productos, generar demoras en las decisiones de compra de nuestros clientes ya que especularán con esperar "el mejor precio" o podrá suceder que los consumidores se sientan defraudados si realizaron una compra antes de una oferta especial.

CAPÍTULO 5:

LA GESTIÓN DE LOS STOCKS

Se entiende por stock a la cantidad de mercaderías, materia prima e insumos en el depósito de la empresa. Un adecuado posicionamiento del stock puede hacer una diferencia sustancial en la rentabilidad de la empresa o la atención al cliente. En contrapartida, un inadecuado manejo del mismo puede penalizar la disponibilidad de recursos financieros de la empresa o resultar ventajoso en tiempos de alta inflación.

Por estos motivos, no puedo dejar de mencionar algunas cuestiones básicas a tener en cuenta para manejar el stock de tu emprendimiento.

¿POR QUÉ ES IMPORTANTE PRESTAR ATENCIÓN AL STOCK?

Vamos a analizar algunos factores que motivan la necesidad de poseer un stock y permiten comprender mejor la importancia de tomar decisiones permanentemente sobre su gestión.

Cubrirnos ante la escasez: Debemos considerar el stock como una inversión o recurso para evitar la escasez. Los primeros graneros o almacenes del faraón de Egipto en la historia de José que mencioné en el primer capítulo se construyeron para afrontar el futuro con mayor seguridad y sortear momentos de dificultad. Esta acumulación sirve para protegernos ante la posibilidad de que los proveedores lleguen fuera de tiempo o para atender una demanda mayor a la prevista y así cumplir con las expectativas de los clientes.

Economía de escala: En el caso de las empresas industriales, es necesario tener en cuenta que el costo de producir cada artículo (el costo unitario) disminuye a medida que aumenta la cantidad fabricada. Entonces, la producción de grandes cantidades de producto puede servir para abaratar los costos de producción y alcanzar un mejor precio de venta del producto o maximizar la rentabilidad. Para lograr este objetivo, se requiere de acopiar producto terminado y disponer de grandes espacios de almacenamiento.

Estrategias comerciales: La acumulación de stock implica asegurarnos de que vamos a disponer de un determinado artículo cuando lo pida el cliente. Hay que tener cuidado con esto, no todo se trata de acumular por acumular; este es un error frecuente en empresas pequeñas. Debemos adoptar un criterio de decisión que permita estar equilibrados y seguir siendo competitivos. Para ello hay fórmulas matemáticas y estrategias que se pueden aplicar.

Un stock excesivo puede requerir la asignación de recursos financieros de la empresa para mantener completas las estanterías y puede penalizar la concreción de otras actividades y/o inversiones alternativas. En contrapartida, esto también puede ser una forma de cubrirse y mantener el valor de los activos ante efectos inflacionarios en la economía.

CÓMO DETERMINAR EL NIVEL DE STOCK QUE DEBO TENER

Como vemos, es importante garantizar la presencia de un stock suficiente para satisfacer la demanda externa (los pedidos que realizan nuestros clientes) o la demanda interna de materia prima (cuando nuestro jefe de producción lo requiera).

El nivel de stock que decidamos tener en un momento dado debe ser suficiente para hacer frente a la demanda de un artículo. La falta de existencias en el depósito producen un "quiebre" de stock que trae como inconveniente la pérdida de ventas, de imagen y de confianza de los clientes.

La solución es procurar mantener un nivel de stock óptimo; un equilibrio entre tener suficiente para evitar quiebres de stock y evitar que haya un exceso del mismo. Si nuestro nivel de stock está por encima de lo necesario para una determinada época nos puede llevar a tener demasiado "dinero parado" en nuestros depósitos.

No hay que desconocer la necesidad de armar un stock de seguridad; este es aquel previsto para demandas inesperadas de clientes o retrasos en las entregas de los proveedores. Funciona como un "colchón" complementario al stock habitual y ayuda a evitar quiebres de stock.

FACTORES QUE IMPACTAN EN LA GESTIÓN DEL STOCK

Como hemos visto, puede parecer muy complejo gestionar las existencias debido a que debemos tener presente la necesidad de cubrir la demanda pero, en simultáneo, debemos gestionar el stock para que sea lo más bajo posible y podamos aprovechar de la mejor manera posible los escasos recursos financieros disponibles de nuestro emprendimiento.

Algunas herramientas que nos pueden ayudar con esta dificultad es tener una estimación lo más real posible de la demanda. Se necesita hacer previsiones de las ventas que vamos a realizar y, en función de cómo sean esas ventas, podremos decidir qué posición de stock queremos tener de un determinado producto. No es lo mismo gestionar el stock para cubrir una demanda que se mantiene constante a lo largo del año que para cubrir una demanda estacional.

Otros factores que impactan en la demanda son: el precio (hay menor demanda si se encarece el producto), las ofertas de la competencia, el marketing (habrá más demanda cuanto más se promocione el producto) o la situación económica del país.

CÓMO EVITAR UN QUIEBRE DE STOCK

El punto de re-pedido es el nivel de stock que nos indica que debemos realizar un nuevo pedido si no queremos quedar desabastecidos y producir un quiebre. Para calcularlo, hay que tener en cuenta la demanda a cubrir y el tiempo que tardamos en reponer el stock a un nivel óptimo. Ese punto mínimo debe darnos la señal de que es necesario producir más de ese producto o reaprovisionarnos cuando se dependa de un proveedor externo.

La gestión del stock es siempre un tema complejo que depende de decisiones periódicas. Es fundamental preguntarnos también cuál es el nivel de servicio que quiero tener. El mismo va a estar dado por la satisfacción que la empresa quiera proporcionar a sus clientes cuando encuentren el artículo que buscan en el momento en que lo buscan.

No debemos desconocer que, si no atendemos la demanda porque nos sucedió un quiebre de stock en algún artículo, esos clientes buscarán ese mismo producto en la competencia.

EN CONCLUSIÓN

Los costos por no prestar adecuada atención a nuestro stock son difíciles de cuantificar, es difícil saber cuánto deja de ingresar a la empresa por no tener los artículos disponibles, pero también es difícil calcular a futuro cuánto nos costará haber perdido clientes por este motivo. Cualquiera sea el caso, pensar en una adecuada gestión del stock, es imprescindible.

CAPITULO 6:

CÓMO DAR EL SALTO PARA CRECER MÁS

Muchos empresarios Pyme, luego de hacer crecer con mucho esfuerzo el emprendimiento que iniciaron, se encuentran atrapados en las operaciones del día a día y su potencial emprendedor se ve frenado por que están atendiendo el negocio.

Si se quiere continuar creciendo, es necesario comenzar a ver las cosas de manera diferente y, si se sueña con tener una gran empresa, hay que hacer las cosas con la mentalidad de las grandes empresas actuando en la medida de las posibilidades financieras con las que se cuente.

A pesar de las alzas y bajas de la economía Argentina, las micro, pequeñas y medianas empresas realizan gran parte de la generación de riqueza y empleo en nuestro país. Si quieres seguir creciendo y dar el salto para hacer de tu empresa una "gran" empresa, debes:

DEJAR DE HACER LAS COSAS COMO SIEMPRE SE HICIERON.

La gran mayoría de las empresas Pyme en Argentina fueron tomadas desprevenidas durante los años '90 ante las consecuencias de la apertura indiscriminada del comercio exterior que se hizo. La gran mayoría desapareció o quedó al borde de la bancarrota porque continuaron manejándose con pautas conservadoras. ¿Qué es esto? Es el hacer las cosas de la misma manera que se hicieron siempre.

Muchas empresas familiares, en vez de aprovechar la oportunidad que ofrecía la apertura de las importaciones para mejorar, tecnificarse y ganar en productividad para seguir siendo competitivos, hicieron todo lo contrario. Quisieron seguir haciendo las cosas como las venían haciendo en los últimos 20 años; esto les impidió competir con productos importados que solían ser de mejor calidad y menor precio.

La mentalidad cultural instalada provocó que muchos perdieran oportunidades de negocios que ofrecía la política económica del momento. Otros empresarios, presionados por las dificultades del contexto y las altas cargas impositivas, directamente cerraron sus puertas y, en vez de producir, se dedicaron a importar bienes similares dejando a mucha gente sin empleo para buscar solamente provecho personal, lo cual se volvió en contra cuando comenzaron a aumentar las tasas de desempleo y recesión de la economía.

El aferrarte a la misma manera de hacer las cosas no garantiza que, ante los cambios del mercado o la economía, puedas obtener los mismos resultados. Lo mejor: Estar abiertos a mejorar, cambiar o transformarse para seguir en carrera.

¿QUÉ TIPO DE EMPRESA SE DESEA CONSTRUIR?

Hay un momento en la vida de la empresa en que uno se encuentra con la difícil decisión de seguir creciendo o quedarse como empresa familiar. Los resultados de las decisiones que se tomen en este sentido no se pueden poner en marcha de un día para otro, por lo general son procesos que pueden llegar a durar al menos un par de años; aún disponiendo de los recursos económicos y financieros para llevarlos a cabo.

Realizar cambios en el área productiva con nuevos procesos o maquinarias, cambiar por completo la estética de los locales de venta, incorporar o mejorar el servicio al cliente o modificar las pautas comerciales necesitan de la firme decisión de invertir en estos activos (algunos de ellos "intangibles") que no dan resultados visibles en lo inmediato. La personalidad ansiosa del emprendedor puede causar que muchos cambios se vuelvan atrás.

Para evitar que pase esto, es indispensable desarrollar una estructura interna de dirección para compartir el riesgo de las decisiones y tener múltiples criterios que enriquezcan la gestión cotidiana como veremos en el siguiente punto.

ENFOCARME EN DIRIGIR EL NEGOCIO Y DESPEGARME DEL DÍA A DÍA.

La mayoría de los dueños de empresas Pyme y microemprendimientos desempeñan tareas operativas, (producción, ventas y distribución) porque al principio del negocio pusieron su esfuerzo para salir adelante y luego, lo siguen haciendo. Llega un momento en el cual es necesario jerarquizar la función de dirección del negocio utilizando principios de delegación de tareas y funciones. No en vano, se es "el dueño".

Si todo lo que hace el dueño es trabajar en la parte operativa, él mismo le pondrá un techo de crecimiento a la empresa. Puede agregar más trabajadores vinculados con esa actividad operativa, pero el límite está en que él va a querer supervisar todas las actividades y por ende la operación misma quedará limitada por su mismo criterio de hacer las cosas. Por este motivo es importante despegarse del día a día lo antes posible delegando autoridad en mandos medios (jefes, supervisores, etc...) y empleados a quienes luego pedirles resultados. Esto se resuelve fácilmente pensando en un organigrama que nos ayude a ver la estructura que necesita la organización para conseguir sus objetivos.

Cuando el negocio empieza a crecer y el dueño logra "dejar de hacer de todo" puede comenzar a ver más allá del día a día y visualizar hacia donde se dirige la empresa y el mercado. En un principio, lo más frecuente es convocar a familiares y amigos en quienes se puede depositar confianza para las cuestiones del día a día.

Cuando el crecimiento continúa y surgen los problemas es necesario que esos familiares y amigos acepten profesionalizarse y se invierta en capacitación de acuerdo al puesto que vayan a ocupar o a su perfil de preferencias. Solo así podrán tomar las decisiones que pueden afectar el rumbo o las finanzas de la empresa con un criterio justificado y no de forma antojadiza.

SI QUIERO CRECER DEBO PLANIFICAR.

Ésto no es un lujo de las grandes multinacionales, de una u otra manera todos planificamos en nuestros negocios, solo que en la mayoría de los casos es una actividad a la que no se le dedica tiempo. Anticiparse es la mejor forma de identificar oportunidades para diversificar el negocio y aumentar el tamaño de la torta para que una próxima generación siga teniendo ingresos a través del negocio. Mirar el día a día hace difícil visualizar la variedad de futuros posibles e impide que puedas delinear las estrategias y los pasos que te van a llevar a concretar la visión que tengas.

Si te haces el tiempo cada tanto para la planificación del negocio, podrás adaptarte mejor a los cambios del mercado y la competencia. La planificación también permite preparar a la empresa para responder con flexibilidad a los cambios bruscos de la economía. Si tienes en cuenta este concepto, cuando vengan momentos de recesión y caída de ventas vas a tener planes alternativos que te permitan adelantar las crisis y generar nuevos negocios.

DEBO VER LA EMPRESA COMO UN SISTEMA INTERRELACIONADO

Según Michael Porter en su obra "Competitive Advantage: Creating and Sustaining Superior Performance" del año 1985, podemos clasificar las actividades de las empresas en primarias y de soporte. Aunque no voy a entrar en detalle sobre las aplicaciones estratégicas de la conocida "Cadena de Valor", voy a mostrar un concepto básico que todo emprendedor debe conocer.

Actividades primarias como la logística, la producción, el marketing y ventas y el servicio al cliente son los sectores a los que el empresario Pyme avezado presta más atención. Mejorar en actividades de soporte como pueden ser la planificación, la gestión del personal, la investigación de mercado o una adecuada gestión de las compras, suelen ser vistos como una "pérdida de tiempo".

Cualquiera sea la visión que tengas acerca de estos elementos, debes saber que una empresa funciona como un sistema inter-relacionado. Si tocas una variable puedes afectar a otra y si evitas prestar atención a una actividad de soporte, puedes limitar la posibilidad de ser más eficiente en una actividad primaria.

CRECER SIEMPRE SERÁ RIESGOSO.

Crecer es el momento más riesgoso en la vida de una empresa; en especial en nuestras economías latinoamericanas en las cuales existe elevada fluctuación en las variables y los mercados.

La decisión de "no crecer" también puede significar que la empresa quede reducida al ámbito estrictamente familiar y fnalmente se vea en dificultades para mantenerse competitiva, También hay que tener cuidado con hacer muchos cambios en simultáneo por una cuestión de recursos propios y financiamiento. Incorporar maquinarias nuevas, más empleados y realizar la apertura de varias sucursales; puede causar una pérdida del equilibrio y tener un problema de caja que no permita sostener la expansión y nos obligue a pedir una ampliación del crédito en el banco o descartar elementos esenciales de nuestros planes.

Con un tablero de control correcto (implementar una lectura de la gestión a través de ciertos números clave) se puede prever y anticipar una salida a estas "crisis de crecimiento" e ir corrigiendo el rumbo según los resultados.

CAPÍTULO 7:

CÓMO LOGRAR EL COMPROMISO DE LOS EMPLEADOS

En la actualidad, cualquier empresa puede tener un producto como el nuestro (o aún mejor), y cualquier competidor puede llegar a igualar o mejorar nuestros precios. Cualquier empresa puede tener una logística más eficiente que la nuestra y hacer llegar sus productos o servicios de mejor manera al consumidor. Esta realidad nos lleva a pensar que el centro de gravedad de la diferenciación de la empresa debe empezar a pivotar en la gente y no solo en el producto, la plaza, la promoción o el precio. Las personas (adecuadamente motivadas y comprometidas) son las que te permitirán estar un paso adelante de la competencia.

La mayoría de los Latinoamericanos, provenimos de una cultura de trabajo influenciada por la mentalidad del inmigrante que venía a "hacerse la América" y sacrificarse para luego volver a su país de origen con unos ahorros. Muchos de ellos, se quedaron y forjaron nuestras naciones influenciando nuestra manera de ver las cosas.

El emprendedor y los empresarios familiares, educados por los modelos de pensamiento de sus ancestros inmigrantes, tienen en su mente el modelo del sacrificio para lograr sus metas y pretenden lo mismo de sus empleados. "Hay que romperse el lomo y hacer de todo para que el negocio funcione". En el mundo actual de los negocios hay un nuevo paradigma: ya no manda el sacrificio sino el talento (Prueba acabada de esto son las empresas tecnológicas y sus fundadores).

Para conseguir y conservar el talento y obtener soluciones creativas a los problemas cotidianos de la gestión de la empresa, no solo es necesario exigir al empleado la preparación académica y el compromiso, sino también es indispensable pensar en los procesos internos, en el cuidado de las instalaciones y herramientas de trabajo y en aplicar la "psicología del trabajo" a través de prácticas de recursos humanos adecuadas a las posibilidades y nivel de madurez de la empresa.

Es imprescindible también, que el empleador piense en abonar salarios competitivos respetando la legislación laboral vigente. Todo esto, comúnmente es considerado como un gasto y una reducción de las ganancias para el dueño o empresario. Si le sumamos la alta carga impositiva que tienen las empresas, el emprendedor abandona rápidamente cualquier intención realizar prácticas integrales de gestión de recursos humanos.

DEBO PAGAR BUENOS SUELDOS

Cuando cuestionan este hecho, suelo responder con la siguiente pregunta: Cuando eras empleado, ¿trabajabas primero por el dinero o por la gloria? Lo que quiero decir, es que la gran mayoría de las personas necesita tener sus necesidades y las de sus familias cubiertas en primer lugar. Aunque esto no es estrictamente una responsabilidad directa de la empresa y es poco probable influenciar en los hábitos de consumo de los empleados, en líneas generales, un colaborador responsable que no alcanza a cubrir sus gastos, difícilmente pueda estar enfocado en buscar las mejores soluciones para los desafíos del trabajo. En estos casos, seguramente cumplirá con lo solicitado pero no se logrará que la gente avance una milla extra.

Aunque pudiéramos encontrar alguien con la suficiente motivación interna para aportar soluciones creativas o un esfuerzo extra de manera proactiva, siempre existirá la expectativa de una recompensa y este entusiasmo decaerá en un lapso máximo de seis meses si no se hace nada al respecto para premiar el aporte. Este valioso colaborador "con actitud" buscará otro empleo o se convertirá en un trabajador promedio.

Para validar estas apreciaciones es necesario que repasemos las principales teorías de comportamiento organizacional vigentes desde la década de 1960 y que han resistido el paso del tiempo, siendo totalmente aplicables en la actualidad:

MI FORMA DE VER A LOS EMPLEADOS ES IMPORTANTE

Douglas McGregor en su obra "El lado humano de las organizaciones" describió dos formas de pensamiento de los directivos a los cuales denominó Teoría X y Teoría Y.

Los directivos de la Teoría X (fuertemente influenciados por la escuela de Taylor de principios del siglo XX) consideran que sus subordinados son pesimistas, estáticos, rígidos y tratan de evitar el trabajo todo lo posible. En consecuencia, se forma la imagen de trabajadores poco ambiciosos, que buscan la seguridad y prefieren evitar responsabilidades por lo cual necesitan ser dirigidos, supervisados y presionados permanentemente para alcanzar los resultados. Quienes ven a los empleados de esta forma, consideran que para alcanzar los objetivos de la empresa hay que utilizar premios y castigos.

Los directivos de la Teoría Y, consideran al trabajador como el activo más importante de la empresa y los considera: optimistas, dinámicos y flexibles y convencidos que quieren y necesitan trabajar. Este tipo de directivos parten del supuesto de creer que:

• Las personas pueden ver el trabajo como una fuente de satisfacción y son propensos a tomar iniciativa siempre que estén comprometidos con los objetivos a alcanzar.

• El grado de compromiso con los objetivos es proporcional a las recompensas asociadas.

- Los supervisores no necesitan determinar lo que esperan de sus subordinados sino que pueden trabajar conjuntamente con ellos para establecer objetivos dentro de un rango aceptable.

- Los supervisores no tienen necesidad de enfatizar permanentemente la importancia de la productividad porque todos saben que la empresa debe ganar dinero para mantener las fuentes de trabajo.

- Los seres humanos aprenden y buscan acceder a mayores responsabilidades.

- Las personas tienen la capacidad de ejercer un grado elevado de imaginación y creatividad en la solución de problemas, aún por encima de lo que puede aportar el equipo directivo.

- Para alcanzar niveles altos de productividad, los gerentes deben fortalecer su relación con los empleados teniendo en cuenta las distintas necesidades de éstos, otorgando incentivos de distinta índole además de los económicos.

Considero que una fusión de ambas formas de ver a los empleados "es" necesaria. En nuestra cultura latina es muy difícil conseguir eficiencia sin controles, pero en contrapartida debemos evitar caer en el modelo de empresa

X si queremos destacarnos en el mediano y largo plazo en un mercado cada vez más competitivo.

NO DEBO DESCUIDAR LO QUE OFREZCO COMO EMPRESA

Otro psicólogo organizacional llamado Frederick Herzberg, formuló la llamada "Teoría de los dos factores" para explicar mejor el comportamiento de las personas en situaciones de trabajo. Este autor plantea la existencia de dos factores que orientan el comportamiento de las personas en las empresas: Factores Higiénicos y Factores Motivacionales.

Los factores higiénicos (o externos) no dependen del empleado sino del empleador. Tienen que ver con: El sueldo y los beneficios, la organización de la empresa y sus políticas internas, las relaciones con sus compañeros de trabajo, el ambiente físico, la relación con su supervisor y el status y la seguridad laboral que ofrezca la empresa.

En este punto, me permito citar nuevamente mi concepto: "Todo el mundo trabaja primero por el dinero y luego por la gloria"; debemos, como empresarios o emprendedores, procurar prestar atención a realizar un adecuado desarrollo de estos factores higiénicos que hacen a la motivación del personal. Aún así, esto no es suficiente: Según las investigaciones de Herzberg, cuando los factores higiénicos son óptimos, sólo evitan la insatisfacción de los empleados, por lo que también es necesario atender el significado psicológico del trabajo. Ésto último se logra a través de la gestión del aprendizaje y las oportunidades. Se les llama "factores motivacionales" (o internos) dado que tienen que ver con los logros, el reconocimiento, la responsabilidad y las posibilidades de crecimiento.

Si el empleado no conoce el sentido y la importancia de su trabajo, como aporta valor a la empresa y si tiene oportunidad de crecer, nunca se pondrá la camiseta. En resumen: Si no prestamos la debida atención a ambos factores, corremos el riesgo de que nuestra empresa se convierta en un muy buen lugar para trabajar, pero nada más.

¿QUE PUEDO HACER COMO EMPRESARIO?

Para ello, hay mecanismos a los cuales la organización puede llegar a acudir con el propósito de incorporar elementos de la empresa Y: Evaluaciones de desempeño, planes de promoción interna, programas de entrenamiento y capacitación frecuentes, encuestas de clima, programas de remuneración variables, entre otros. Éstas, son actividades que nos permiten reconocer los esfuerzos y valorar las contribuciones individuales y grupales.

Las épocas en las que se decía: "si no trabajás, te echo", forman parte de la revolución industrial y del pasado. La Generación X ya está alcanzando su madurez como fuerza laboral y está ingresando la Generación Y a nuestras empresas. Por lo tanto, debemos convertir nuestra empresa en una organización "Y".

Actualmente, los expertos coinciden en que una organización eficiente debe promover la motivación. Entrenarnos "en" y promover una cultura de liderazgo participativo y coaching es clave para lograr el compromiso de la gente. Esto no implica que debamos dejar de fijar el rumbo y establecer normas y controles al trabajo.

Considero necesario pensar en términos mixtos. No es lo mismo un sector productivo en el cual la cantidad de unidades fabricadas influye en los costos y precio del producto que controlar áreas administrativas en las cuales es difícil medir la productividad dado que se toman decisiones cualitativas o se piensa en cómo resolver problemas.

ALÉRGICOS AL TRABAJO

En toda empresa, siempre existirá una minoría de empleados que sólo están ahí para tener la seguridad de un sueldo y tratarán de hacer lo menos posible. Este tipo de personas es fácil de detectar, por lo general obstaculizan el trabajo de quienes sí quieren hacer las cosas bien y desmotivan a sus compañeros con quejas y críticas.

Es probable que estos "alérgicos" tengan estas actitudes porque no pueden o no saben como realizar determinadas tareas. Esta carencia se resuelve fácilmente con capacitación puntual en las habilidades necesarias.

Puede ocurrir también que, luego de invertir en su capacitación, resulte que saben y pueden, pero al no estar motivados no quieren realizar las tareas dentro de lo esperado. ¿Qué hay que hacer con ellos? Mi recomendación es la siguiente: Primero, debemos intentar rescatarlos con un trabajo de coaching por parte del supervisor directo (no olvidemos que son personas que tienen una historia de vida que los lleva a comportarse de una determinada manera y probablemente tengan una familia detrás), pero si luego de un período prudencial de evaluación no cambian su conducta se debe expulsar a estos empleados de la organización. Esta acción elevará la moral del resto de los trabajadores e impulsará la motivación y productividad del resto de los grupos de trabajo.

PAGAR BIEN NO SOLO SIGNIFICA MÁS DINERO

No pagar un salario competitivo genera como consecuencia el riesgo de perder un elemento valioso del equipo y asumir los costos de cubrir la vacante con otra persona (quien muy probablemente solicite un salario mayor al que pagábamos al empleado que se fue). Esto tiene un costo "no monetario" llamado curva de aprendizaje. Ningún empleado es irreemplazable, la pregunta que debemos hacernos es: ¿Estoy dispuesto a perder a una persona capacitada en ese puesto de trabajo y esperar el tiempo en que tarda alguien nuevo en aprender los detalles del puesto por no querer reconocer al empleado?

No es lo mismo reemplazar a un operario que realiza tareas de un bajo nivel de complejidad que a un operario especializado o encontrar un candidato capacitado para un puesto en el cual se necesita un alto grado de especialización. Algunos ejemplos: Operario depósito vs. Operario de producción de la industria automotriz o electrónica. Empleado Administrativo vs. Analista de Finanzas.

Una vez que el empleado tiene un salario competitivo va a pensar en otros satisfactores laborales como puede ser el reconocimiento de sus pares, el crecimiento jerárquico o la capacitación.

CÓMO PAGAR BUENOS SUELDOS

Es fácil decir que hay que pagar buenos sueldos, pero la realidad es que no se puede pagar sueldos altos a todos los colaboradores. Aunque pudiéramos hacerlo, existe un umbral psicológico de tres a seis meses en los cuales el entusiasmo por el incremento salarial se enfría y las personas se acostumbran a un nuevo nivel de gastos en sus economías personales. Luego quieren más. Todos queremos más. Es la naturaleza humana. Por lo cual, pagar buenos sueldos a todo el mundo puede ser inviable a nivel empresario.

Si pago los mejores sueldos a todos, los costos operativos de la empresa se dispararían trasladándose a los precios y causando que se pierda competitividad. Esto es algo que los representantes sindicales no ven con facilidad cuando piden más dinero; sin darse cuenta están atentando indirectamente contra el mantenimiento de los puestos de trabajo para ganar popularidad entre sus representados.

¿Cómo puedo pagar buenos sueldos entonces? Con una adecuada práctica de compensaciones que incluya salarios fijos y variables y la gestión de beneficios no monetarios; con estos elementos se puede motivar y retener a los empleados más comprometidos sin castigar el presupuesto y la competitividad de la empresa.

Una empresa cuyo funcionamiento exige tener los costos más bajos puede optar por salarios que estén por debajo de una posición competitiva del mercado. Esta estrategia generará una mayor rotación del personal y, para minimizar los efectos, será necesario generar una identidad de "marca empleador" muy fuerte y pensar en otros factores higiénicos (beneficios) para que la retención de los recursos humanos dure un poco más de tiempo. Igualmente, este tipo de empresas, suele mantener una alta rotación del personal.

Aunque esto último se puede aplicar fácilmente a cuadros operativos, para mandos medios, profesionales o cuadros gerenciales, es necesario considerar otra estrategia si lo que se pretende es tener gente que esté dispuesta a añadir valor a la empresa a través de su esfuerzo y talento.

Si pago bien, puedo exigir "bien". En el mercado laboral, conseguir otro trabajo con condiciones equivalentes o superadoras puede ser difícil. Volvemos al ejemplo de la gallina que pone los huevos de oro. Nadie querrá matarla. Adicionalmente, una adecuada estrategia de remuneraciones se convierte en una barrera al cambio de trabajo de los empleados que consideremos "clave" y nos sirve como un reaseguro contra la pérdida del talento.

IGUAL REMUNERACION POR IGUAL TAREA ES DEL SIGLO PASADO

La frase "igual remuneración por igual tarea" que se desprende como concepto en las legislaciones laborales de varios países, es aplicable a posiciones operativas enmarcadas en los convenios colectivos de trabajo.

Aunque el espíritu de la ley es correcto y sigue un principio de equidad y justicia, no debemos quedarnos solo con ese criterio.

Si utilizamos esta condición en posiciones profesionales o con niveles de decisión, (especialmente en aquellos puestos que agregan valor a la empresa) provocaremos una insatisfacción en esos empleados. Debemos apuntar a tener un rango en las remuneraciones que nos permita reconocer y diferenciar aquellas funciones de mayor importancia o los mejores rendimientos individuales dentro de la estructura de la empresa.

DEBO EVITAR QUE SE GENERE UNA CULTURA DEPREDADORA

Existe una diferencia importante entre el compromiso y el abuso o entre la eficiencia y la competitividad interna. Por ejemplo: El empleado tiene derecho a apagar su teléfono celular luego de una o dos horas de haber finalizado su horario de trabajo. Aunque es real que no se debe dejar para mañana lo que se puede resolver hoy, existen cosas que pueden quedar para resolver al otro día y la empresa y el mundo seguirán girando sin problemas.

Otro ejemplo: Se puede encontrar un inconveniente y

resolverlo analizando las causas y como evitar que suceda nuevamente cambiando los procesos y controles o, se puede "cortar la cabeza" de aquel que cometió el error.

Ésta es una bajada de línea que debe hacer la dirección de la empresa y tiene impacto en la responsabilidad social y el clima que se quiera generar en la empresa. Es posible promover la eficiencia de un proceso o el rendimiento generando en la gente la conciencia de la mejora continua. Lo opuesto es presionar a las personas para que compitan entre sí para ver quién es el mejor del equipo; así se genera una competitividad tóxica que expulsa buenos elementos de la organización.

Debemos reconocer que son decisiones que marcan la cultura de la empresa y los resultados en el largo plazo. ¿Quiero sacar la mejor rentabilidad sin importarme lo demás o quiero tener una empresa líder y sustentable a largo plazo? De tus decisiones depende.

CAPITULO 8:

TIPS PARA TRASPASAR EL MANDO

Cuando logres hacer de tu empresa una "sólida" empresa llegará el momento en el cual te puedas enfrentar a un traspaso generacional. El emprendedor que le dio origen a la empresa, suele ser alguien a quien ese modo de trabajar le dio muy buenos resultados y es difícil que tome conciencia de la necesidad de pasar el mando a las nuevas generaciones. Esto puede determinar que la empresa quede en la familia o se desarme y es clave para darle continuidad al proyecto y legarlo a otra futura generación.

LA SELECCIÓN DE CANDIDATOS

Cuando se empieza a trabajar en el traspaso del mando en una Pyme familiar se generan tensiones. Por lo general, se realiza el cambio de padres a hijos pero hay que pensar si realmente esos hijos quieren iniciar ese proceso de traspaso y si se ven en un futuro como gerentes de la empresa. Puede suceder que los objetivos de vida de los sucesores tengan otra prioridad distinta de la empresa familiar porque no tienen interés vocacional en el negocio o en el mundo de los negocios.

Para la elección del sucesor hay que evitar los mandatos familiares y tomar en cuenta las capacidades o los intereses personales de quienes sean elegidos para tomar la responsabilidad. Que los candidatos se formen en una carrera afín a la empresa o al puesto a ocupar es indispensable. Si además adquieren experiencias en otras empresas, en donde puedan ver otras maneras de hacer las cosas y, de paso, aprender también lo que no se debería hacer; sería lo ideal.

Si no tienes un sucesor debido a que tus hijos no tienen interés en la empresa, esto no representa nada grave ni tampoco el fin del proyecto. En estos casos, habrá que pensar en cómo ir construyendo una estructura que posea un Gerente General y ejecutivos que rindan cuentas al fundador y sus herederos. (Quienes sí deberán tomar el compromiso de pasar por una capacitación básica de negocios para comprender mejor la toma de decisiones empresariales y reconocer cuándo un asesor no esta cumpliendo bien con sus funciones)

OTRA VEZ: EL DÍA A DÍA

Hay una realidad que mencioné en capítulos anteriores y es el obstáculo que el día a día presenta en la mayoría de las empresas familiares. Por eso, uno de los aspectos más importantes a considerar es que hay que dedicarle el tiempo que sea necesario para la formación de un sucesor otorgándole un tiempo prudencial y remunerado para que aprenda sobre los clientes, el mercado, la situación financiera y las actividades de la empresa.

Cuando llega el momento "real" de delegar el mando, la confianza y el ego del fundador suelen aparecer. Si las personalidades padre–hijo chocan, se corre el riesgo de fracasar en el traspaso. Frases como: "El dueño sigo siendo yo" o "La última palabra la sigo teniendo yo", pueden arruinar el entusiasmo de los sucesores para seguir adelante y comprometerse con la continuidad del proyecto.

EL NENE YA TIENE 40 AÑOS

Cuando ingresan a trabajar los hijos capacitados trayendo experiencias externas a la empresa suelen aportar nuevas ideas y conocimientos; eso puede producir otro choque de egos que haga temblar el estado general de las cosas o las zonas de confort instaladas.

En la mayoría de las organizaciones siempre suele estar aceptado el concepto de que: "Si siempre se hizo de una determinada forma, entonces: ¿para qué cambiarlas?". Si ocurre esto, el sucesor puede preguntarse: - Y entonces, ¿Cuándo van a valorar mi conocimiento y experiencia?

Si el fundador no está dispuesto a aceptar e implementar las sugerencias, es preferible postergar el proceso de traspaso. Esta es otra de las causas más frecuentes por la que los sucesores pueden salir desanimados y dejar de estar interesados en el proyecto.

EL RETIRO DEL FUNDADOR

Un aspecto que no suele ser considerado en la Pyme familiar es el futuro de la generación que sale. Este tema hay que abordarlo. Para el dueño de una empresa, el momento del retiro no es sencillo, debe prepararse emocionalmente para visualizar el cambio de sus rutinas cotidianas y darse cuenta que puede no estar más al frente de la empresa. En muchas culturas la palabra "Jubilación" parece más un castigo que un premio a una vida de trabajo y esfuerzo.

Es recomendable que el dueño de la empresa siga manteniendo una relación ocasional con los mejores clientes para sentir que todavía está en la línea de batalla, pero teniendo un ritmo de vida más tranquilo, dejando el día a día en manos de los sucesores.

También es importante definir cuestiones económicas, de alguna manera el dueño de la empresa familiar tiene su auto, sus vacaciones y sus gastos personales. No sería justo que solo viva de una jubilación mínima cuando se retire del sillón de dirección, ¿Verdad? Entonces también es una responsabilidad muy importante para la nueva generación entrante garantizar en el traspaso el nivel de vida y los beneficios de quienes dieron un paso al costado.

POR FAVOR, ¡NO TIREN UNA BOMBA!

El traspaso generacional puede generar infinidad de problemas; más de los que uno pueda imaginar. Esto no solo pasa en las pequeñas y medianas empresas sino que también sucede en las grandes. Por eso es muy importante ponerse de acuerdo, escribir cuáles serán los pasos a seguir en el traspaso y otorgar los tiempos que sean necesarios para el aprendizaje, de manera que todos tengan en claro cuáles son los objetivos y cuáles son las expectativas. La empresa, además de existir para ganar dinero, también tiene una función social: No solo vive el fundador y su familia, sino que también viven de ella las familias de los empleados y proveedores.

CONCLUSIÓN:

VALOR PARA EMPRENDER

Y EMPRENDER CON VALOR

Nos enfrentamos a un mundo cada vez más competitivo y atomizado; en cuestiones de marketing, además de segmentos y nichos de mercado, los últimos artículos especializados hablan a nivel local de "microsegmentos" de mercado. Si hablamos de mercados globalizados, puede ser requerido un esfuerzo e inversión mayores para lograr hablar el lenguaje de los grandes y así entrar en el campo de juego.

De acuerdo a los temas que tocamos en los capítulos anteriores, podríamos concluir que emprender el negocio propio es todo un desafío; muchos lo hacen por necesidad, porque las circunstancias los obligan, pero otros son soñadores que anhelan cumplir esa meta. Cualquiera sea tu caso, hay una multiplicidad de factores que se deben manejar en simultáneo y, a la vez, cuidar que no falle ninguno para no afectar al resto de los subsistemas de la empresa.

El emprendedor tiene que poner su prioridad en vender y cobrar para poder hacerse de un sustento; al crecer, es necesario ir incorporando empleados, materiales, máquinas, inmuebles y no perder el equilibrio entre el crecimiento y los nuevos gastos.

Una vez que se ha crecido, se debe elegir si se quiere dar un salto cualitativo para continuar expandiéndose y dejar una empresa a la próxima generación; este paso implica un cambio de mentalidad y una inversión en profesionalizar la gestión. La brecha entre la intuición y el profesionalismo se puede disminuir a través de la capacitación permanente.

Los productos y las empresas tienen un ciclo de vida: Nacen, crecen, viven y mueren. El emprendedor debe pensar en términos de largo plazo para hacer que la empresa viva lo más posible (aún cuando esto signifique sacrificar el producto fundador o dar un paso al costado) y así poder legarla a una nueva generación.

No se debe perder de vista que el crecimiento del negocio lo dará la calidad de los recursos humanos que formen parte del proyecto. Los empresarios exitosos que se han expandido y alcanzado un liderazgo notorio en el mercado en algún momento dejaron de pensar que la gente era un gasto. Aunque lidiar con las personas y su motivación puede ser bastante complejo, verla como una inversión es lo que marca una diferencia y eleva la actuación de la empresa.

Para tener éxito, es probable que uno deba asociarse para crecer. A veces, puede ser difícil jugar a ser el "llanero solitario" que todo lo puede. En mi caso personal, aunque he desarrollado algunas habilidades comerciales, reconozco que la perseverancia para la gestión de ventas no es mi fuerte. Entonces, cuando inicio un nuevo proyecto, intento asociarme con alguien que posea esa habilidad y complemente eso que todavía no pude desarrollar.

También es fundamental preguntarse por qué emprendemos. He conocido empresarios y profesionales inescrupulosos que solo iban detrás de maximizar sus ingresos importándoles poco o nada las consecuencias de sus decisiones. En otro extremo, he tenido la oportunidad de trabajar y conocer varios emprendedores exitosos cuyos valores personales estaban presentes en el negocio; desde ex-miembros del Opus Dei hasta evangélicos, he visto que siempre que han tenido que tomar una decisión difícil (como puede ser una reestructuración con despidos masivos de personal) lo han hecho tratando de minimizar con todas sus fuerzas el impacto social de esas medidas.

Existe en el mundo un sistema que está podrido: Inseguridades y temores, historias de vida con carencias (emocionales o materiales), amor al dinero, codicia y avaricia, rencores y odios; son motivos que hacen a las personas obrar de maneras equivocadas y causar que la diferencia entre los que más tienen y los que menos tienen sea cada vez mayor. Esto genera indirectamente menos oportunidades y más violencia social. Por estos motivos, se hace imprescindible fusionar nuestros valores morales en la forma de hacer negocios y tomar decisiones. Evaluar nuestras motivaciones se hace vital si aspiramos a marcar la diferencia en la sociedad y dejar un legado.

Estoy convencido que se pueden hacer las cosas de una forma diferente sin por ello dejar de ser exitosos. El éxito al que me refiero es el logro de alcanzar las metas que nos propongamos y no la comparación con lo que otros han logrado. Siempre habrá alguien por encima y alguien por debajo nuestro en una comparativa; por eso, debemos preguntarnos en qué podemos mejorar o crecer en vez de competir con los demás. Es una cuestión de actitud interior. Nada tiene que ver con el estudio de lo que hace la competencia; muy por el contrario, éste puede ser de utilidad para ser más eficientes o competir en el mercado.

Traspasar el mando para hacer crecer la empresa o cuando el fundador decide retirarse también puede ser muy problemático. En definitiva, "el desafío" del emprendedor no solo implica comenzar el negocio y mantenerlo funcionando, sino que cambia de forma constantemente y, en todo tiempo, sigue presente.

La revolución industrial aglutinó a las personas en grandes ciudades transformando las interacciones de la sociedad, aunque esto ha traído múltiples beneficios a la humanidad pero también ha apagado el espíritu independiente y emprendedor que provenía de nuestros ancestros.

Emprender el negocio propio es posible; solo que está dormido dentro tuyo. Si muchos lograron alcanzar este sueño, eso significa que nosotros también podremos hacerlo.

ACERCA DEL AUTOR

Hernán Mentasti es Licenciado en Administración de Empresas de la Universidad de Palermo, Argentina, y se ha especializado en Recursos Humanos y en Administración Estratégica. Ha desarrollado su carrera profesional en empresas líderes multinacionales, regionales y locales por más de quince años. Actualmente, se encuentra trabajando en la empresa familiar y actúa como consultor de empresas.

Si el contenido de este libro le ha sido de ayuda, puede enviar sus comentarios por:

Correo electrónico: hmenta@outlook.com

o seguir al autor en:

Twitter: @hernanmentasti

DE LA LÍNEA DE AUTOAYUDA Y ESPIRITUALIDAD, OTROS LIBROS DEL AUTOR:

DEVOCIÓN REVELDE

¿Rebelde con "v corta"? No se trata de un error ortográfico. Este ensayo contiene una serie de reflexiones en las que el autor motiva a sumergirse en un conocimiento más profundo de Dios conjugando las palabras: revelación, reverdecer y rebeldía. Quedará fascinado con estas líneas.

http://www.amazon.com/dp/B00J39ED3O

NO TE AGUANTO MÁS

Cómo sanar (o rescatar) el matrimonio en la iglesia

El autor propone herramientas prácticas para llevar sanidad y renovación a los matrimonios y despejar aquellos paradigmas que han impedido a las parejas tener un funcionamiento saludable y equilibrado en las áreas relacional y sexual.
Hacia el final del libro encontrará un capítulo en el cual se desafían las principales enseñanzas conservadoras que han afectado a la mujer desde la cultura y la religión con el propósito de afianzar la restauración del valor de la mujer en la sociedad y la iglesia.
Este libro será de inspiración para parejas jóvenes, pastores, líderes religiosos, consejeros y creyentes en general que deseen mejorar la calidad de vida de sus parejas, ayudar a otros o llegar a reflejar a Cristo a través de sus matrimonios.

http://www.amazon.com/dp/B00I4VXD2E

NO TE CREO NADA

La espiritualidad explicada para racionales. Un viaje por las preguntas que alejan a las personas de desarrollar una espiritualidad enfocada en Dios.

http://www.amazon.com/dp/B00KDSU0C2